AF250386

ÉPIDÉMIOLOGIE

LA PESTE D'ARLES-EN-PROVENCE

de 1720-1721

DU MÊME AUTEUR

Essai critique sur le Delirium tremens. Paris, Adrien Delahaye, éditeur. — 1872.

Qu'était-ce que le tac? Paris, Georges Masson. — 1876.

Des grandes épidémies qui ont régné à Nimes depuis le VIe siècle jusqu'à nos jours; tome Ier : *Typhus et Épidémies de peste à bubons.* Nimes, Clavel-Ballivet. — 1876.

De certaines anomalies des organes génitaux comprises sous la dénomination générale d'hermophrodismes, au point de vue médico-légal. In *Revue de Littérature médicale.* — 1876.

Des grandes épidémies qui ont régné à Nimes depuis le VIe siècle jusqu'à nos jours; tome II : *Meningite cérébro-spinale et Épidémies de choléra-asiatique.* (Sous presse.)

Histoire de la variole à Nimes et plus particulièrement des épidémies militaires de 1875 et 1878. (Sous presse.)

Nimes. — Typ. Dubois, Imp. du *Nouveau Journal du Midi*, rue Bernard-Aton, 3.

LETTRES & DOCUMENTS

POUR SERVIR A

L'HISTOIRE

DE LA

PESTE D'ARLES-EN-PROVENCE

de 1720-1721

PAR

le docteur **Victorin LAVAL**

médecin aide-major de première classe au 38e d'artillerie,
membre de l'Académie du Gard, etc.

—————

NIMES

ANDRÉ CATÉLAN, ÉDITEUR

11, rue Thoumayne, 11

—

1878

ÉPIDÉMIOLOGIE

Quand, dans les derniers jours de juillet 1720, le bruit se fut répandu en Provence et dans tout le Bas-Languedoc qu'une maladie contagieuse venait d'éclater subitement à Marseille, qu'elle remplissait de désolation et de deuil, les consuls d'Arles n'eurent rien de plus pressé que de chercher à savoir ce qu'il pouvait y avoir de fondé dans ces sinistres rumeurs. Ils ne tardèrent pas à être renseignés. Dès le 1ᵉʳ août, ils recevaient une lettre des échevins de Marseille eux-mêmes, les informant que depuis quelque temps mouraient dans la ville : « Diverses personnes d'une maladie que l'on soupçonnoit contagieuse, ce qui les avait empêchez et les empêchoit encore de donner des pattentes et des passe-ports, » mais qu'au demeurant il n'y avait pas péril en la demeure et qu'ils espéraient être bientôt délivrés de tout danger.

En fait, voici ce qui s'était passé.

Le 25 mai 1720, arrivait à Marseille avec patente brute et venant des échelles de Syrie, le *grand Saint-Antoine*, navire marchand commandé par le capitaine Chataud. Durant la traversée, deux hommes de l'équipage étaient morts, si bien qu'ayant touché à Livourne, le capitaine avait dû consulter les médecins de santé qui, hâtons-nous de le dire, certifièrent authentiquement que les aliments corrompus par une longue navigation avaient seuls

causé la mort de ces malheureux et que eux
seuls entretenaient les fièvres malignes
existant encore sur le bâtiment. En présence de tels certificats, les intendants de Marseille soumirent simplement le vaisseau
aux mesures ordinaires de la quarantaine ;
toutefois, comme on n'ignorait pas que la
peste régnait en Palestine et en Syrie, ils
crurent agir avec sagesse en faisant transporter toutes leurs marchandises au Laza-
ret ; malheureusement la contagion y passa
avec elles.

Sur ces entrefaites, trois nouveaux bâti-
ments abordèrent aux îles du château d'If
le 30 mai, et un quatrième le 12 juin : les uns
et les autres avaient Seïde ou Alexandrette
comme provenance.

C'est à dater de ce moment qu'on compta
les victimes. Au 1er juillet, six individus, ma-
telots, mousses, gardes de quarantaine ou
portefaix, établis dans les infirmeries à la
purge des marchandises, ont succombé. Le
chirurgien qui les a soignés, qui a visité
leurs corps après le décès déclare qu'aucun
d'eux n'a porté signe de peste, et ses affir-
mations sont tellement précises, ont un tel
caractère de véracité, que le 28 juin la bar-
que du capitaine Gueymard, partie également de Seïde, peut venir impunément en
rade de Marseille sans éveiller aucune
crainte.

Cependant, chaque jour amène son contingent de nouveaux malades. Le 7 juillet,
deux portefaix des infirmeries sont atteints
de tumeurs à l'aine (suivant le chirurgien
de santé ce ne sont pas bubons de peste) ;
le 8, un autre portefaix tombe malade; le 9,
ces trois hommes plus le chirurgien lui-même étaient morts ! Alors seulement quelques-uns commencèrent à croire à l'inva-
sion du terrible fléau, car déjà aussi les
cas se multipliaient, non plus seulement aux
infirmeries, mais dans les quartiers voisins,
à la place de Linche, à la rue de l'Escale ,

etc. ; l'aveuglement est toutefois si opiniâtre que, même en présence de ces faits, le plus grand nombre rapporte la cause de ces maladies et de ces morts à des fièvres malignes dues à la présence de vers dans l'organisme ! On le crut bien davantage vers le 20 juillet alors qu'aucun décès n'ayant eu lieu depuis quelques jours on ne signalait aucun nouveau malade.

Un instant les optimistes parurent avoir raison et, avec quelque droit en apparence, raillèrent-ils les folles terreurs de ceux qui étaient moins rassurés. Marseille, à cette date, espérait encore échapper à la peste !

C'est sur cette impression que les échevins purent écrire aux consuls d'Arles dans les termes que nous avons rapportés.

Leur lettre calma bien des alarmes et personne à Arles ne douta plus que, grâces aux précautions prises, à l'isolement complet dans lequel on avait mis Marseille, au vide absolu qu'on faisait autour de cette ville (1), la Provence ne fût entièrement préservée et la peste, si peste il y avait, dès ce moment étouffée dans son berceau.

Hélas ! l'illusion fut de courte durée. Ce calme factice était le précurseur de la tempête, et la peste ne faisait trêve une minute que pour reprendre de nouvelles forces et frapper de plus grands coups.

On le vit bien durant la 1re quinzaine d'août, alors qu'il mourait de 300 à 400 personnes par jour, et que le nombre des victimes grandissant de jour en jour ne laissait plus aucun doute à émettre, aucune espérance à concevoir.

C'est pourquoi, lorsque les consuls de Nimes, anxieux et sur le qui vive, écrivi-

(1) Voir l'arrêt de la Chambre des vacations d'Aix, défendant à tous les habitants de la province de communiquer avec Marseille. (31 juillet 1720.)

rent à ceux d'Arles, leur demandant des nouvelles de Marseille et de la Provence, ceux-ci furent dans la triste obligation de leur mander vers le 21 août 1720 : « qu'on
» leur avoit rapporté qu'il avoit paru sur le
» corps des personnes malades et qui es-
» toient ensuite mortes, des bubons, des
» charbons, et autres signes qui n'estoient
» point du tout équivoques; que le parle-
» ment d'Aix avoit rendu de nouveaux ar-
» rêts par lesquels il ordonnoit à tous ceux
» qui estoient sortis de Marseille de s'y
» rendre instantanément, à peine de 3,000
» livres d'amende et faisoit deffenses à ces
» personnes de communiquer avec aucun
» habitant des autres villes de Provence
» sous peine de la vie ; que le lieu de Vi-
» trolles avoit eu le malheur d'estre attaqué
» de ce mal par le moyen du fournier du
» lieu qui alla porter du blé à Marseille et
» à son retour rapporta du coton qui avoit
» infesté 25 personnes de ce lieu-là, et que
» le reste du village en estoit sorty entière-
» ment pour se camper sur les montagnes
» voisines et que ce lieu n'estoit actuelle-
» ment habité que par les consuls, les vi-
» caires et les malades s'il y en avoit enco-
» re en vie ; qu'on disoit la même chose du
» lieu de Velau, qui n'est qu'à une lieu de
» Vitrolles et que ces deux villages n'es-
» toient qu'à une lieu de Martigues (1). »

Et pendant que cette lettre arrivait à Nimes, le fléau atteignait son apogée à Marseille, enlevant maintenant près de mille individus par 24 heures, et bientôt les pestiférés furent si nombreux qu'il n'était plus possible d'enlever les morts même avec des tombereaux, que les rues restèrent jonchées de mourants et de cada-

(1) Archives de l'Hôtel de Ville de Nimes. — Registre L. 56.

vres étendus par milliers et que la cité entière ne fut qu'un vaste cimetière !

Au dehors, la contagion gagnait de plus en plus. De Vitrolles et de Velau, elle envahissait successivement les Martigues, Pélisanne, Saint-Cannat, Salon, Saint-Remy et enfin Tarascon. Dès le 4 octobre, Aix était devenu sa proie et elle traitait cette ville si cruellement que le Parlement fut obligé de se réfugier provisoirement à Saint-Remy.

Alors de partout on s'agita pour chercher à se protéger. Chaque ville ferma ses portes, supprima ses cabarets, établit des gardes bourgeoises, fit nettoyer et parfumer les maisons, les basses-cours, les rues, les carrefours, etc. ; plaça des corps de garde aux avenues des grands chemins, installa des infirmeries, tint rigoureusement la main aux quarantaines individuelles, etc., etc. Comme complément de ces mesures locales, un arrêt du Conseil d'Etat du roi (14 septembre 1720) mettait la Provence tout entière en quarantaine, faisait défense aux habitants et aux marchandises de cette province, de franchir les rivières de Verdon, de la Durance et du Rhône, supprimait les foires, n'autorisait la circulation que des personnes munies de *billets de santé*, donnait enfin pleins pouvoirs aux commandants et à l'intendant de Provence pour établir des bureaux de santé, maintenir en tous lieux la police et le bon ordre et prendre généralement telles mesures qui paraîtraient utiles pour empêcher la transmission du mal contagieux. L'Assemblée des Etats de Provence, de son côté, avait à partir de ce moment l'œil à tout, envoyait de l'argent, des vivres, des médecins, des secours de toute nature aux localités successivement atteintes.

Plus que tout autre ville, Arles fit bonne garde. Il est vrai que, plus que toute autre aussi, elle avait sujet de craindre, étant données les milles causes d'insalubrité qu'elle recélait dans son sein et surtout sa fâcheuse position sur les bords du Rhône, à un endroit où ce fleuve, par suite des dépôts incessants de nouveaux sables, empêchait l'écoulement des eaux de la ville et transformait le sous-sol en réceptacle de miasmes délétères : tandis que ce même fleuve, grâce à ses débordements fréquents, avait fait de toute la campagne du Levant de nombreux marécages, desquels s'exhalaient en tout temps de pernicieuses effluves, que les vents du Sud apportaient jusque dans la ville, y rendant les fièvres d'accès endémiques la plus grande partie de l'année. Ajoutons que les sauterelles ayant, cette année, détruit totalement les fruits et les grains du terroir, les habitants étaient dans une grande misère et supportaient les plus dures privations.

Dans cette triste occurrence, les Consuls d'Arles se mirent donc immédiatement à l'œuvre, aidés en cela du viguier, du capitaine de la ville et du capitaine du guet (1).

Le conseil de ville fut assemblé en toute hâte, conformément à l'ordre du marquis de Caylus, commandant en Provence, et décida incontinent, sur la proposition de Jacques d'Arlatan de Beaumont, commandant d'Arles, qu'on établirait un *bureau de santé* composé de soixante nobles ou bourgeois.

Les premiers actes de ce bureau furent, indépendamment de la création d'*intendants*

---

(1) La ville d'Arles avait, en 1720, pour viguier : François de Grille, marquis d'Estoublon ; pour consuls Jacques de Gleise Fourchon, Jean Grossi, avocat, Pierre Brunet et Jean-François Chartroux, bourgeois ; pour capitaine de la ville Jean-François d'Avignon, seigneur de Maligny ; pour capitaine du guet, Jean Baudran, bourgeois.

de santé, d'interdire tout commerce avec les Marseillais, de faire d'abondantes provisions de farine, d'huile, de vinaigre, de légumes, de bois, etc.; d'établir des corps de garde dans la ville, en Crau et sur le Rhône ; d'obliger les barques et les voitures à faire *quarantaine ;* de promettre des pensions viagères aux veuves et enfants des médecins, chirurgiens et apothicaires en cas de mort ; de nommer plusieurs *corbeaux* aux ordres d'un capitaine, de réquisitionner des chariots pour transporter les cadavres ; de faire des habits de toile cirée pour les hommes de service ; de s'approvisionner de linge, drogues, charpie et autres objets nécessaires en temps de peste.

Le couvent des Minimes, les maisons de Saint-Roch, de Saint-Lazare et de Saint-Genet, situées hors de la ville, furent désignées comme devant servir d'infirmeries, et le couvent des Carmes de dépôt de convalescents.

En faisant ces préparatifs de défense, le bureau de santé pensait avec raison qu'une ville menacée de peste doit être considérée comme une place de guerre qui craint les approches de l'ennemi. Celle-ci n'attend pas pour se défendre qu'il soit à ses portes ; elle prévoit de loin le danger, elle se précautionne, se munit d'hommes et de provisions, en sorte que quand l'ennemi fait mine d'approcher, il la trouve si bien préparée à une vigoureuse résistance qu'il n'ose tenter l'attaque et rebrousse chemin.

Les Arlésiens crurent malheureusement trop à la réalisation de ce dernier point de leur comparaison, car la peste était déjà dans leurs murs (3 octobre 1720), qu'ils continuaient à se persuader que ce fléau ne les atteindrait pas.

C'est du moins ce qui ressort de la réponse que firent les consuls d'Arles (10 octobre 1720) aux habitants de Nimes, qui, en présence des bruits fâcheux qui cou-

raient, leur demandaient des nouvelles exactes et leur offraient leurs services : « Nous
» vous faisons connaître, leur répondirent-
» ils, que, grâce à la protection du Ciel et
» aux soins vigilants de la cité, nous espé-
» rons ne pas avoir à souffrir de la peste
» et n'avoir pas à interrompre les relations
» si nombreuses qui depuis si longtemps
» règnent entre les deux villes. »

Au reste, il est à remarquer que dans cette peste de Provence l'aveuglement fut en quelque sorte général et qu'une localité n'avait la *franchise* de se déclarer suspecte que lorsque depuis longtemps le mal l'avait envahie et alors seulement qu'il s'y était pour ainsi dire *enraciné*.

Comment expliquer ce fait ?

Etait-ce amour-propre de la part des habitants qui craignaient de devenir un objet de haine et d'horreur pour leurs voisins ? Etait-ce une question d'intérêt, car, la contagion déclarée, toute relation d'affaires cessait ? Etait-ce la crainte de la mort qui leur faisait volontairement détourner la tête de ce qui pouvait la leur causer ? Etait-ce plutôt le peu d'expérience des médecins et des chirurgiens qui, pour la plupart, ne connaissant la peste que par les descriptions des livres, étaient incapables de la reconnaître lorsqu'elle s'offrait véritablement à leurs yeux ?

Evidemment il y a du vrai dans chacune de ces hypothèses, mais n'oublions pas qu'une part de responsabilité assez grande dans cet aveuglement incombe aux bizarreries nombreuses que la peste présentait souvent dans ses caractères, surtout dans sa période de début, et qui la faisait quelquefois échapper aux yeux des plus clairvoyants.

J'ai écrit quelque part (1) que, si en 1720

____

(1) Voir ma brochure : *Qu'était-ce que le Tac!* Paris, G. Masson, 1876.

les médecins de Marseille n'avaient fait remonter le commencement de l'épidémie qu'au 1er août, alors qu'en réalité la contagion régnait dans cette ville depuis le mois de juin, l'erreur provenait de ce que les premières manifestations de la peste n'avaient pas été franches et que dans le principe on avait eu affaire, non pas à la peste proprement dite, mais au tac qui en avait marqué la phase initiale et lui avait servi comme de période prémonitoire.

La même chose arriva pour Arles.

Tout fut incertitude et indécision dans le début. Des premiers malades, les uns n'eurent que des charbons, les autres semblaient ne souffrir que de fièvres pourprées, qu'on rattachait d'autant plus facilement à la présence des vers, que plusieurs en rendaient quantité par le haut et le bas.

Quelquefois le mal prenait en guise de fièvre intermittente, le frisson durait quatre ou cinq heures venant tous les jours à heure fixe, et au troisième ou quatrième accès le malade était emporté comme par un accès pernicieux.

Quant aux bubons que portaient un fort petit nombre, on les prenait ou pour des furoncles ou pour des pustules gangreneuses, qu'il n'était pas rare d'ailleurs de rencontrer, même en temps ordinaire, sur divers malades.

On voulait d'autant plus croire que ces fièvres malignes étaient dues aux mauvais aliments et à la misère, qu'elles paraissaient en tout semblables à celles qui, peu d'années auparavant avaient régné en Provence et dans les diverses villes du royaume, et que, cette fois encore comme à cette époque, c'était le bas peuple, mal nourri, mal logé, mal vêtu, placé en un mot dans des conditions déplorables d'existence, qui payait le premier tribut à la maladie régnante.

Arles toutefois ne tarda pas à fermer définitivement ses portes ; ce fut après avoir, pour ainsi dire, surpris la contagion sur le fait.

Au commencement de novembre 1720, un pourvoyeur de Tarascon apporta de Marseille en Crau, et de contrebande, diverses marchandises pestiférées dans la tapie de Claude Robert, dit Poncet Meron, son associé, et le 20 du même mois, Marguerite Poncet, tante de Robert, mourait de la peste dans sa tapie.

Peu de temps après, le fermier du domaine de Constant, près de ce lieu, périt aussi avec ses enfants. Les médecins qui les visitèrent d'office reconnurent sans la moindre hésitation les signes du cruel fléau.

Robert, se sentant malade à son tour, profita de la nuit pour entrer dans la ville sans être aperçu et alla dans sa maison située dans l'intérieur des Arènes ; il y mourut avec sa femme, malgré les secours les plus prompts. Sa belle-mère et ses voisins, qui avaient communiqué avec lui, périrent eux aussi à la fin du mois de décembre (1).

A partir de ce moment, les malades et les morts se multiplièrent.

Vers les derniers jours d'avril, 46 personnes tant de la ville que des infirmeries avaient manifestement succombé aux atteintes de la peste, et cela nonobstant la cessation absolue de toute relation des habitants entre eux, la fuite d'un nombre considérable de gens à la campagne et les prières ardentes de tout un peuple consterné.

Au commencement de mai, la contagion

<hr>

(1) *Recueil de pièces historiques sur la peste de Marseille et d'une partie de la Provence en 1720-1-1722.* — Marseille, chez les principaux libraires. 1820.

devint plus forte encore. C'est en vain que
les avenues de l'Amphithéâtre et de la rue
Trissemoutte, où les victimes s'accumu-
laient, sont fermées; comme une traînée
de poudre le mal se répand bientôt aux
quatre coins de la cité.

Il faut fermer les églises et dire la messe
en pleines rues ou sur les portes. Les infirmeries se remplissent... (1).

Le conseil de santé lui-même est réuni
difficilement, un grand nombre de ses membres parmi les notables de la ville se ren-
ferment dans leurs maisons et n'en veulent
pas sortir... Chacun abandonne son poste...
on fuit de toutes parts... Et comme les no-
taires ont quitté la ville ou refusent de se
rendre aux infirmeries et près des malades,
ce sont les prêtres, les curés des églises, les
aumôniers des infirmeries qui recoivent les
testaments que les moribonds leur dictent ou
des fenêtres de leur maison ou du pas de
leur porte ; et « le temps de contagion ne
permettant pas d'avoir des témoins, c'est
encore le prêtre avec son clerc de paroisse
qui se soussignent comme tels. »

Qu'on était loin à ce moment de la trom-
peuse sécurité et du dangereux optimisme
du 10 octobre !!!

« C'est une triste expérience, s'écrie à ce
sujet un témoin oculaire du désarroi dans
lequel se trouvait Arles en ce moment, c'est
une triste expérience, que la plupart des
villes affligées ont faite, il n'y en a presque
point qui n'eût dressé pour ainsi dire toutes
ses batteries, maisons en état, médecins, chirurgiens, officiers infirmiers, corbeaux, etc.,
tous gens du lieu et sans expérience ; tout
était prêt pour le premier signal, la mala-

<hr>

(1) Voir : *Lettres des Consuls d'Arles aux Consuls de Beaucaire* (18 juin 1721), *in Histoire de
Beaucaire*, par le chevalier de Fortou. — Avignon, 1816.

die, la frayeur les saisit, ils se débandent...
alors les malades souffrent ; ils ne sont plus
enlevés de la ville, les morts également ;
elle s'infecte de plus en plus; le désordre s'y
met, tout est dans la confusion : il n'y a
plus que la main toute-puissante de Dieu
capable de ramener l'ordre ; la prudence ni
les forces humaines n'y font plus rien ! »

Seuls les consuls et l'archevêque (1) de-
meurent inébranlables au milieu du péril, et
il semble que l'isolement dans lequel on les
laisse soit pour eux le stimulant d'un plus
grand héroïsme.

Ils restent debout, pareils à ces phares
lumineux qui dans la tempête et par les nuits
sombres commandent encore aux naufragés
une espérance de salut !

Bientôt, hélas! il n'est pas trop de deux
nouveaux cimetières, créés l'un aux Champs-
Elysées, et l'autre dans la commanderie de
Saint-Thomas à Trinquetaille, pour ense-
velir les morts ; le mois de mai enlève 130
personnes... A ce moment ceux qui restent
encore veulent fuir, s'échapper au loin...
Mais Arles est devenu la ville maudite, ses
portes sont fermées et des troupes en armes
forment autour d'elle une chaîne de fer que
nul ne pourra rompre sous peine de mort.

C'est pourquoi le peuple rendu furieux
par la faim, incapable de travailler car tout
travail a cessé, plongé dans la misère par
la cherté des vivres, crie à la trahison....
Les imaginations délirent ! les colères s'al-
lument... l'exaspération est à son comble.
Voilà qu'il n'est plus assez des ruines que
le terrible fléau a amoncelées dans la cité ;
de toutes parts s'élèvent des clameurs et
des menaces... On accuse le pouvoir de
pactiser avec le fléau et de vouloir la per-
te de tous. Aussitôt les pestiférés de rom
pre leur quarantaine, les mendiants de bri-

(1) C'était Jacques de Forbin de Janson.

ser les barrières de Trinquetaille où on les avait retirés et les uns et les autres comme une vague furieuse de se répandre, au nombre de plus de 3,000 individus des deux sexes, dans tous les quartiers de la ville (4 juin 1721), volant le pain destiné aux malades, pillant les maisons, extorquant toutes choses par la force et la violence.

Sans secours et sans autorité, les consuls restent impuissants devant la rébellion. A son tour l'archevêque paraît : il leur prêche la patience et la résignation, les exhorte à la concorde, c'est en vain ! les plus audacieux le repoussent ; un d'entre eux va jusqu'à lui jeter une pierre ! Un instant cependant les factieux émus de tant de courage se calment et semblent apaisés, mais les jours suivants l'orage éclate de nouveau et on n'a enfin raison des égarés que le jour où le commandant de Caylus ayant appris cette sédition se fut porté au pont de Crau (9 juin), où il fit fusiller en cet endroit trois chefs de révoltés, et que Dominique de Jossaud, major du régiment de Noailles, homme d'action et de grande énergie, eut été nommé par le roi commandant d'Arles (11 juin). Je veux croire aussi que toutes les marques d'intérêt qui, en ce temps-là arrivèrent à Arles du dehors, ne contribuèrent pas peu à cet apaisement progressif des esprits.

Ces témoignages en effet furent nombreux et éclatants.

Monseigneur de Mailli, qui à cette époque était cardinal archevêque de Reims et qui pendant tout le temps qu'il avait occupé le siége d'Arles avait été le père des pauvres, ne les oublia pas dans cette calamité et leur fit parvenir la somme de 10,000 francs.

De leur côté, les villes de Provence se souvinrent de leur malheureuse sœur. Beaucaire, entre autres, envoya vivres et provisions de toutes espèces. A son tour, Nimes, touché de tant d'infortune, chargea ses consuls d'écrire à leurs collègues d'Ar-

2

les pour leur témoigner la part qu'ils prenaient à leur malheur et leur offrir les secours qu'ils pouvaient leur donner dans une
si triste infortune.

Leur lettre était ainsi conçue :

« Messieurs,

» C'est avec beaucoup de douleur que nous
» avons appris que vostre ville est malheu-
» reusement affligée de la contagion ; vous
» ne devés pas douter que nous ne soyons
» vivement touchés de la triste situation où
» elle se trouve, et comme dans ces occa-
» sions il est difficile que vous n'ayés pas
» besoin de secours, malgré toute la pré-
» voyance dont nous sommes assurés que
» vous n'avés pas manqués, nous avons
» l'honneur de vous offrir tout ce qui des-
» pend de nostre ville avec toute la sincé-
» rité et la cordialité que nous inspire l'an-
» cienne amitié qu'il y a entre nous. Nous
» vous prions de les accepter et de nous fai-
» re sçavoir ce que nous pourrons faire pour
» vostre ville, afin que nous ayons la con-
» solation d'avoir pu vous procurer quelque
» soulagement, et de vous faire connoître
» nostre bonne volonté. Nous ne manque-
» rons pas de faire des vœux au ciel pour
» luy demander qu'il veuille suspendre les
» progrès de ceste maladie et d'en arrester
» le cours.

» Nous vous prions d'estre persuadés que
» nous sommes avec toute la sincérité et
» l'attachement possible,

» Messieurs,

» Vos très-humbles et très-obéissants serviteurs,

» DOMMESSARGUES, 1er consul ;
BOUCHER, 2e consul ;
VALETTE, consul ;
DODE, consul.

» A Nismes, 15 juin 1721. »

Arles, est-il besoin de le dire, accepta de

grand cœur et avec reconnaissance de pareilles offres, et ses consuls écrivirent en réponse à la lettre précédente :

« Messieurs,

» Dans la triste situation où se trouve » nostre ville, l'ancienne amitié qui est entre nous, excitant en vous l'ardeur de la » cordialité la plus sincère, ne peut manquer de nous procurer des secours d'autant plus importants qu'ils viendront de » vostre part, et que le besoin est pressant ; nous avions formé des desseins, » Dieu en a disposé ; presque tous nos médecins et chirurgiens sont morts ; nos » serviteurs, tant de la ville que des infirmeries, morts ou malades ; ainsy, sy de » chez vous il en pouvoit venir, nous vous » en aurions de sensibles obligations. Les » chirurgiens que la ville de Martigues nous » a envoyés ont esté bien receus ; ceux » que nous tiendrons de vos mains nous » seront très-recommandables. Tant de » malades nous ont épuisé tous nos remèdes, droguerie, bouteilles de prises ; nous » manquions même du mauvais linge pour » les pansements. La ville de Beaucaire a » fait une queste et nous en a envoyé le » produit avec de l'excellente thériaque et » bouteilles de prises ; ce rare présent » nous donne du relâche, le vostre pourroit achever avec la main de Dieu de » couronner l'œuvre. Quelles actions de » grâces ne rendrons-nous pas à ceux qui » ont participé à nous sauver, et à vous » particulièrement, Messieurs, avec qui » nous sommes inséparables, et sy dans les » besoins que vous avés ci-dessus tracés il » y va de la dépense, nous nous en chargeons et nostre argent sera tout prest ; » nous ne marquons pas la quantité, nous » vous prions de la régler vous-mêmes, » comme un remède à un malade qui ne » connoît pas ses forces épuisées, et si

» nous sommes obligés à vous importuner
» dans la suite, ce sera dans la confiance
» que vous nous donnés que nos demandes
» vous seront agréables et que vous serez
» persuadés que nous sommes avec toute
» la sincérité et tout l'attachement possi-
» ble, Messieurs, vos très-humbles et très-
» obéissans serviteurs.

    » Les Consuls gouverneurs de la ville
    » d'Arles :
      » Gleize Fourchon, Grotty,
      » Brunet, Chartroux.

À Arles, 25 juin 1721. »

En conséquence de cette demande, le
Conseil ordinaire de Nîmes fut réuni immédiatement ; lecture y fut donnée de cette
lettre ; après quoi il fut unanimement résolu
qu'en considération « de l'antique alliance
» des deux villes, on enverreit incessam-
» ment à Arles » un quintal de la thériaque
» que Messieurs les médecins et apothi-
» caires avoient fait à l'hostel de ville en
» présence de M. le Lieutenant général de
» police et de Messieurs les Consuls, avec
» un aussi grand nombre de bouteilles de
» prises qu'on pourroit trouver ; que Mes-
» sieurs les Consuls avec les Conseillers
» politiques qui pourroient les accompa-
» gner, feroient une queste de vieux linge
» pour le leur envoyer ; que Messieurs les
» Consuls feroient aussy assembler le corps
» des maîtres chirurgiens pour sçavoir
» ceux qui voudroient s'offrir à aller servir
» à Arles ; et que la ville fourniroit tous
» les frais et supporteroit la dépense né-
» cessaire pour toutes les charges y des-
» sus... »

Ce qui fut dit fut fait.

On ramassa ainsi douze quintaux de
vieux linge qu'on fit emballer ; on ajouta un
quintal de thériaque qu'on mit dans un ba-
ril fermé et scellé aux armes de la ville et
cinquante douzaines de bouteilles de prises

dans des caisses ou corbeilles. Le tout fut expédié le 5 juillet sous la conduite d'un hallebardier chargé de l'accompagner jusqu'à Fourques. L'officier qui commandait ce poste devait de son côté informer Messieurs d'Arles de l'arrivée du convoi et les inviter à le faire prendre.

Ceux-ci d'ailleurs recevaient directement de Nimes avis de l'envoi par cette lettre :

« Messieurs,

» La lettre que vous nous avez fait l'honneur de nous écrire qui ne nous a esté rendue que le 4 de ce mois nous a extrêmement touchés ; nous avons, en même temps, fait assembler notre Conseil où la lecture en ayant esté faite, il a esté délibéré de vous envoyer un quintal de thériaque, avec toutes les bouteilles de prises et tout le vieux linge que nous pourrions trouver. Nous vous envoyons donc, Messieurs, avec tout l'empressement dont nous sommes capables, un quintal de la thériaque qui a esté faite en ceste ville par les médecins et apothicaires de ceste ville en présence de M. le Lieutenant général de police et de nous, avec toute l'exactitude possible, ainsy que vous le verrez par la thèse que nous avons l'honneur de vous envoyer qui contient toutes les drogues qui sont entrées dans sa composition ; vous recevrez aussi cinquante douzaines de bouteilles de prises, n'ayant pas pu en trouver une plus grande quantité dans la ville, et douze quintaux de vieux linge en six ballots, que nous avons ramassés par une queste dans les maisons de nos habitants qui se sont fort empressés à vous donner ce petit secours; il y a parmy ce linge un paquet dont l'adresse est pour un de vos habitants à qui nous vous prions de le faire rendre ; et s'il est mort, vous pourrés vous en servir pour les au-

» tres; nous avons aussi fait assembler le
» corps des maîtres chirurgiens de cette
» ville, dont l'un a offert de vous aller ren-
» dre ses services pendant tout le temps
» que durera la maladie dans vostre ville,
» moyennant sa nourriture et entretien et
» que vous luy payerez la somme de mille
» livres qui sera remise en ceste ville entre
» les mains d'une personne solvable, pour
» luy être comptée à son retour ou à sa
» femme en cas qu'il vienne à mourir dans
» vostre ville. Nous avions, Messieurs, ar-
» rêté ce marché et nous avions cru que
» vous fussiés dans ce sentiment, ce que
» nous vous prions de nous faire sçavoir.
» Il y a encore le fils du sieur Mitier, an-
» cien maître chirurgien de ceste ville, qui
» s'est offert sans demander autre chose
» que ce que vous voudres lui donner si
» vous estes contents de ses services.
» C'est un jeune homme qui s'est fort appli-
» qué dans sa profession et qui paraît y
» être plus expert que ceux de son âge;
» et nous pouvons vous assurer qu'il nous
» a fait beaucoup de plaisir de marquer son
» zèle en ceste occasion. Nous souhaitons
» à vous offrir, Messieurs, que ce que nous
» faisons présentement pour vous marquer
» nostre sincère amitié, puisse vous procu-
» rer quelque soulagement dans vos mal-
» heurs, dont nous sommes si affligés que
» nous ne saurions trouver des termes as-
» sez forts pour vous l'exprimer. Nous con-
» tinuons, Messieurs, tout ce qui dépend
» de nous, vous priant de nous faire sça-
» voir vos besoins avec confiance comme
» avec des amis très-sincères et d'estre
» persuadés que le plaisir que nous avons
» de vous faire ce petit présent et les autres
» qui pourront vous convenir nous tient
» lieu de toute la récompense que nous
» pourrions en espérer, ne souhaitant rien
» avec plus d'ardeur que le restablissement
» de la santé de vostre ville pour laquelle

» nous faisons des vœux continuels au
» Seigneur comme si c'estoit pour nous-
» mêmes, heureux si nous pouvions vous
» marquer par des témoignages plus con-
» sidérables que nous sommes avec tout
» l'attachement et toute la cordialité pos-
» sible,

» Messieurs,
» Vos très-humbles et très-obéissants
serviteurs.

» Les Consuls de la ville de Nîmes :
» *Signé :* VALETTE, consul, en l'absence
de mes collègues.
» A Nîmes, 5 juillet 1721. »

Les habitants d'Arles furent touchés de
l'empressement que les Nimois avaient mis à
les secourir et accueillirent leurs dons avec
la plus profonde reconnaissance. C'est qu'ils
arrivaient fort à propos, ainsi qu'on peut en
juger par les lignes suivantes adressées aux
consuls de Nîmes en remercîments :

« Messieurs,

» Nous nous hâtons de répondre à la plus
» tendre et à la plus généreuse de toutes les
» lettres ; il n'est pas ordinaire de trouver
» des sentiments tels que ceux que vous
» nous faites paraître dans la vôtre; bien des
» villes se vantent d'avoir des unions ancien-
» nes entr'elles et des liaisons d'amitié que
» le temps n'a pu détruire, mais quand ces
» unions sont maintenues dans les occa-
» sions et qu'elles se font sentir par des
» traits aussy vifs que ceux que vous venez
» de nous marquer, c'est le comble de la
» générosité. Nous ne sçaurions donc assez
» vous remercier, Messieurs, du présent
» que nous avons receus de vostre part ; il
» ne pouvait nous venir plus à propos,
» quoique messieurs de Beaucaire nous
» eussent libéralement envoyé du vieux
» linge et des bouteilles de prise, tout cela

» commençoit à nous manquer par le mal-
» heureux progrès que le mal contagieux a
» fait dans nostre ville ; la thériaque nous
» pressoit encore davantage et nous ayions
» écrit à Montpellier pour en avoir ; jugez
» par là, Messieurs, du prix de votre pré-
» sent, et par ce qu'il vaut en lui-même et
» par la conjoncture où il a plu au Seigneur
» de nous l'envoyer. Nous ne pouvons pas,
» au reste, Messieurs, vous donner une
» réponse positive au sujet des deux chi-
» rurgiens qui s'offrent de si bonne grâce
» pour venir travailler dans notre ville, par
» ce que je me trouve seul de mes collègues
» à pouvoir agir présentement ; nous avons
» eu le malheur de perdre depuis le 4 de ce
» mois, M. de Fourchon, premier consul, du
» mal contagieux ; M. Brunet, troisième et
» M. Chartroux, quatrième sont actuelle-
» ment attaqués, mais je lirai votre lettre
» au bureau de santé qui se tiendra cette
» après-dîné, où elle sera enregistrée pour
» servir de monument éternel à la vivacité
» de votre zèle et à la tendresse de vos habi-
» tants pour nostre ville.
» Nous avons l'honneur d'être avec un
» respectueux attachement,
  » Messieurs,
» Vos très-humbles et très-obéissants ser-
» viteurs.

  » Les consuls gouverneurs de la
  » ville d'Arles,

    » Signé : Grotty.

» A Arles, 7 juillet 1721. »

» Après cette lettre écrite, j'ay montré la
» vostre à M. de Jossaud, commandant pour
» le Roy en cette ville, et à la plupart de nos
» intendants de santé. Vous pouvez envoyer,
» Messieurs, les chirurgiens aux conditions
» dont vous parlez, nous les recevrons à bras
» ouverts. »

Pendant ce temps le commandant de Jossaud poursuivait son œuvre d'apaisement et de salut.

Arrivé à Arles le 23 juin, il avait immédiatement établi une garde de miquelets sur la place du Marché pour maintenir les dernières agitations. Voulant empêcher tout rassemblement, il avait fait défense expresse aux habitants de sortir de leurs maisons et pour être assuré de la stricte exécution de ses ordres et être immédiatement informé du moindre événement, il faisait circuler à toute heure du jour et de la nuit de nombreuses patrouilles à travers les rues et carrefours de la ville. Il tenait le peuple en respect ne lui laissant d'ailleurs aucun prétexte aux réclamations ou aux murmures.

Le couvent des Récollets et la Maison de charité furent par ses soins confortablement disposés pour recevoir les pestiférés et les secours qui venaient du dehors équitablement répartis suivant les véritables besoins des uns et des autres. Il y eut par quartier un commissaire avec des aides et pourvoyeurs et un petit magasin approvisionné de pain, bois, huile, légume, vin destinés à l'alimentation des pauvres et des nécessiteux.

La distribution de ces vivres eût lieu régulièrement tous les matins par les soins des pourvoyeurs. Elle était d'autant plus facile que chaque quartier avait une petite charrette à un cheval pour porter les provisions. L'après-midi le véhicule transportait le vin et les cornues pleines d'eau pour l'usage de ceux qui n'avaient chez eux ni puits ni fontaines. A l'heure où les pourvoyeurs passaient dans une rue, tous ceux qui l'habitaient devaient se mettre à la croisée et faire acte de présence. De cette façon on pouvait s'assurer que tout le monde était en santé. Si quelqu'un manquait à cette sorte d'appel le commissaire en chef en était immédiatement informé, faisait visiter le suspect et agissait en conséquence.

Le commandant de Jossaud mit aussi un terme aux procédés scandaleux des corbeaux, qui, spéculant sur la détresse publique se faisaient payer des prix exorbitants pour enlever un malade où un mort ; volaient le plus souvent argent, bijoux ou linge, n'hésitant pas à laisser « croupir » les malades et les morts dans les maisons qui ne pouvaient payer, pour courir à celles qui à tous prix voulaient se débarrasser des malheureuses victimes.

Ils furent embrigadés et placés sous le commandement de capitaines d'une moralité éprouvée qui, à toute heure et en tous lieux, ne les perdaient point de vue...

Le commandant de Jossaud reçut bientôt la récompense la plus grande qu'il pût ambitionner pour tant de zèle et de si grands labeurs, celle de voir en peu de temps l'ordre et l'apaisement dans les esprits et dans les choses succéder à l'irritation et au gaspillage.

Résultat fort heureux ! Car ce n'est pas sans frémir qu'on se demande ce qu'il serait advenu de cette malheureuse cité si, n'ayant pu être contenue par aucun frein, la fureur de cette populace décidée à tout avait grandi avec les progrès effrayants que chaque jour la peste faisait au milieu d'eux. Livrée au pillage, mise à feu et à sang, peut-être qu'à cette heure Arles ne serait plus que les ruines d'un immense désastre !

Et peut-on imaginer une mortalité pareille ! Dans ce mois de juin seul, la mortalité enleva 3,530 individus, ce qui a fait dire avec juste raison à un contemporain que la peste d'Arles a été certainement la plus violente qui ait jamais ravagé aucune autre ville, plus grande même à proportion gardée qu'elle fut à Marseille !

Les premières victimes notables furent

le commandant d'Arlatan, de Bouchet de Faucon, major; les consuls de Gleize, Grotti; Honoré de Sabatier, successeur du premier consul, et Ignace de Gravesan qui le remplaça; les deux autres consuls Brunet et Charlroux, gravement atteints, n'échappèrent à la mort que comme par miracle.

Tous avaient été victimes de leur dévouement à la chose publique; et « ainsi Arles, la Rome des Gaules, eut aussi ses Curtius! »

Quelle épouvantable maladie que la peste! et sous quels traits affreux elle apparut à Arles.

Le plus souvent on était pris, en pleine santé, de frissons, de maux de cœur, de vertiges, de douleurs dans tous les membres, de nausées et de vomissements... Aux frissons succédait peu de temps après une fièvre ardente et avec elle une chaleur qui brûlait tout le corps. L'inquiétude était extrême, la voix était plaintive, la poitrine oppressée, la face cadavéreuse! Puis survenait le délire avec les yeux étincelants et le regard égaré. Alors en pleine fièvre, des bubons apparaissaient aux aines et aux aisselles, les parotides s'enflammaient, le corps tout entier se couvrait de taches pourprées, de charbons et de pustules semblables à des petits furoncles acuminés; il y avait hémorrhagies, diarrhée, coma... La mort arrivait généralement dans les deux premiers jours. Quelques-uns vivaient jusqu'au quatrième et même au sixième, mais combien qui mouraient subitement sans prodrômes ou après quelques heures seulement de souffrances atroces!

Hélas! l'absence de douleur, la tranquillité du malade, la cessation des symptômes les plus alarmants, un retour apparent à la santé n'étaient pas même une sauvegarde contre la mort qui vous saisissait brutalement au moment où elle semblait s'éloi-

gner de vous... Des malades il n'en échap-
pait pas la moitié! De ces derniers quelques-uns avaient le mal bénin et guéris-
saient vite, mais le plus grand nombre
avait une convalescence longue et difficile.

Ni la vigueur de l'âge, ni les forces
du tempérament, ni les précautions les
mieux observées, ni les antidotes les plus
vantés n'étaient un préservatif contre le
fléau. Le mal impitoyable prenait depuis
les enfants au berceau jusqu'aux vieil-
lards.

Nul n'était épargné, mais les femmes
enceintes et les nourrices fournirent un
contingent considérable. Et c'était pitié que
d'entendre les cris lamentables de ces petits
orphelins qui, privés du lait maternel, n'a-
vaient pour toute nourriture que celui des
brebis et des chèvres!

Malheur aussi à celui dans la maison du-
quel la peste avait pénétré, car elle n'en
sortait plus que tous les membres de la
famille ne lui eussent payé un tribut de mort
ou de maladie.

La mort elle-même était partout, dans
l'air que l'on respirait, dans les vêtements
que l'on portait; jusque dans les aliments
qui servaient de nourriture! Et contre cet
ennemi caché qui promenait à travers la
cité la désolation et le deuil, qui tuait le
corps par la maladie, le courage par la
peur, il n'y avait ni armes, ni défense
possible, si bien que Arles, la ville popu-
leuse, bruyante, pleine de vie la veille,
n'était plus à cette heure qu'un grand ca-
davre couché dans un tombeau trop
étroit!

Sur ces entrefaites, les consuls de Nimes
toujours soucieux du sort d'Arles, lui offri-
rent trois nouveaux chirurgiens aux mêmes conditions que celles faites précé-
demment.

Ce furent les nouveaux consuls Guillaume de Piquel, chevalier; François Fran-

cont, avocat; Guillaume Granier, procu-
reur, et Charles Honorat, apothicaire, que
le roi avait dès la fin de juin nommés à
cette charge en reconnaissance de leur dévouement à l'intérêt de la ville et au soulagement des malheureux, qui eurent à les
remercier de ce nouveau témoigngae d'intérêt et de dévouement :

« Messieurs, » leur écrivirent-ils,

» Nous aurions accepté avec plaisir les
» trois garçons chirurgiens que vous nous
» proposés aux conditions qu'ils souhai-
» toient, surtout venant de vostre part;
» mais heureusement pour nostre ville; il
» nous en est venu un nombre suffisant,
» d'autant mieux qu'ils résistent très-bien
» à la fatigue que leur métier demande,
» n'en estant encore tombé aucun malade;
» on ne sçait si nous devons attribuer ce
» bonheur ou à une moindre malignité du
» mal ou à une plus grande hardiesse à
» servir les malades; quoi qu'il en soit, il
» semble que le mal calme un peu, quoi-
» que nous perdions toujours beaucoup de
» monde. On compte qu'il est mort près
» de sept à huit mille personnes, parmy
» lesquelles il y a beaucoup de personnes
» de distinction, ce qui est excessif eu égard
» au petit nombre de gens qu'il y avait dans
» la ville. Nos infirmeries sont même toutes
» remplies, quoiqu'elles contiennent jus-
» qu'à neuf cents malades. Voilà, Mes-
» sieurs, un léger crayon de nos malheurs.
» Cependant nous ne vous sommes pas
» moins obligés du soin que vous aviés
» bien voulu prendre pour nous procurer
» des chirurgiens, et nous sommes en même
» temps sensibles aux cruelles alarmes que
» vous ressentés à nostre occasion et aux
» vœux ardents que vous faites pour nostre
» délivrance, vous priant de les continuer
» et d'estre persuadés que nous avons

» l'honneur d'estre avec un véritable atta-
» chement,

» Messieurs,
» Vos très-humbles et très-obéissans
» serviteurs.

» Les Consuls gouverneurs de la ville
» d'Arles,

» Signé : PIQUET, GRANIER, HONORAT.

» A Arles, ce 27 juillet 1721. »

Constatons-le avec joie, le fléau était réellement à cette date en voie de décroissance dans la ville d'Arles.

Après avoir en effet enlevé environ 4025 personnes dans les 20 premiers jours de juillet, parmi lesquelles Jean Beaudran, capitaine du guet ; Gaspard Brunet, trésorier ; Marc-Antoine de Sabatier, Jean de Plouxtarques, de Cays, Icard, d'Antonello, de Saint-Léger, de Nicolas, de Servanes, de Bédaride et une foule d'autres notables, un nombre considérable de médecins, chirurgiens, apothicaires, boulangers, fourgoniers, etc. ; après avoir réduit le bureau de santé à 12 membres ; contraint les consuls à se retirer dans la maison du lieutenant de Faucher et accumulé ruines sur ruines, tout-à-coup la contagion avait commencé le 20 juillet 1721 à ralentir sa fureur.

Ce jour-là même, une procession générale à laquelle assistèrent les membres du bureau de santé, portant un flambeau à la main, était sortie par la porte du Marché-Neuf en chantant les hymnes des saints. La châsse de saint Roch avait été exposée aux infirmeries, et pendant plusieurs heures les pestiférés s'étaient prosternés à terre devant elle ;... — cérémonie qui fut agréable à Dieu, remarqua-t-on de toutes parts, puisqu'elle inaugura une ère d'espérance...

Le commandant de Jossaud ne se départit pour cela ni de sa vigilance ni de son zèle. Ce n'est pas quand le vaisseau, affreusement tourmenté par la tempête, est en vue du port, que le pilote abandonne le gouvernail, il y est au contraire plus assidu que jamais, crainte de perdre par une fausse manœuvre le bénéfice de tant d'efforts surhumains !

Le 4 août la quarantaine commença pour la ville, avec renouvellement de la défense expresse de sortir des maisons sans une autorisation formelle des commissaires de la santé, sous peine de mettre les contrevenants sur un cheval de bois, ou de payer une forte amende applicable aux hôpitaux. Quant à ceux qui contreviendraient plus gravement aux ordres de santé, ils devaient, suivant le cas, être fustigés de verges par la ville ou fusillés. Le commandant de Jossaud et le marquis de Fondchâteau, son neveu, accompagnés de quatre fusiliers, faisaient eux-mêmes fort souvent la ronde à cheval, pour s'assurer de la bonne exécution des ordres donnés et des mesures prescrites.

L'archevêque, de son côté, assisté de son aumônier, allait de maison en maison, faisant entendre à tous des paroles de consolation, et ainsi la ville s'acheminait vers le terme de la délivrance...

Le 21, on procéda aux opérations de désinfection des maisons et des rues.

Elle fut aussi complète que possible ; tous les meubles et objets suspects furent sortis des maisons et transportés hors la ville, dans un lieu où ils subirent les pratiques habituelles ; les hardes et les objets jugés susceptibles de retenir le *contage* furent brûlés ; des feux de romarin furent allumés dans les appartements, dans les cours, dans chaque rue et carrefour d'Arles.

Ce mois d'août se solda par 500 décès, chiffre considérable sans doute, et qui pourtant n'était rien en comparaison de celui fourni par le mois précédent.

Le mois de septembre fut le dernier de cette longue période d'angoisses et de calamités ; il fournit encore 311 morts, mais il ne se déclara aucun nouveau malade.

Le 1ᵉʳ de ce mois avaient été renouvelées les opérations de désinfection générale ; le même jour les chirurgiens et apothicaires purent commencer leur quarantaine.

Le 18 on fit savoir à l'extérieur le bon état de la ville ; le 20, le commandant de Josseaud quitta lui-même Arles pour faire sa quarantaine ; le 21, les églises furent rouvertes, et un *Te Deum* solennel, chanté dans l'église métropolitaine au bruit de l'artillerie et des cloches sonnant à toute volée, fut pour Dieu un hymne d'actions de grâce, et pour la ville entière l'*Alleluia* de la résurrection !

Peu après (26 septembre), les barrières et les portes de la cité furent ouvertes ; chacun put vaquer à ses affaires ; pour les étrangers seuls et pour le commerce, la ville resta consignée encore quelque temps. Les infirmeries furent fermées le 4 octobre 1721.

Mais si le danger disparaissait d'Arles, il grandissait dans le Bas-Languedoc, et déjà la peste resserrait autour de Nîmes son cercle de feu. Tremblant plus que jamais pour elle, les consuls de cette ville jetèrent au loin le cri d'alarme et demandèrent à leurs collègues des lieux qui avaient été affligés par la contagion des instructions sur la conduite à tenir, afin d'éviter les malheurs qui pourraient arriver en cas de surprise et faute d'avoir pris les précautions convenables. Aix, Tarascon, etc., répondirent à cet appel et envoyèrent des mémoires qui furent insérés tout au long dans les registres publics de Nîmes.

Comment Arles n'aurait-elle pas saisi cette occasion de se montrer reconnais-

sante envers une sœur qui s'était tant em-
ployée pour elle! Aussi immédiatement se
mit-elle à l'œuvre, et, faisant appel à de
cruels souvenirs (1), elle consigna dans des
pages dont chaque ligne, écrite avec des
larmes, vient en témoignage d'une expérience chèrement achetée, les conseils les
plus sages, les observations les plus utiles.

L'envoi de ces instructions fut précédé
des lignes qu'on va lire et qui sont comme
l'expression officielle de l'immensité des dé-
sastres que le fléau avait produits à Arles :

« Messieurs,

» Les éclaircissements que vous nous fai-
» tes l'honneur de nous demander, sont
» une marque presque certaine que vous
» n'avez pas besoin d'instructions pour
» vous précautionner contre le mal conta-
» gieux : on n'a pas la modestie de consul-
» ter ses voisins sans en sçavoir déjà beau-
» coup par soi-même ; cependant, Mes-
» sieurs, pour ne rien refuser à une ville
» à laquelle nous devons de si grandes obli-
» gations et pour répondre au zèle que vous
» montrez pour vostre patrie, nous allons
» faire travailler à un mémoire instructif
» qui ne contiendra autre chose que des ré-
» flexions qu'une malheureuse expérience
» nous a forcés de faire. Il n'est pas possi-
» ble de vous donner un journal de tout ce
» qui s'est fait ici, la mort de nos prédéces-
» seurs, celle de plusieurs secrétaires suc-

(1) Ce n'est pas ici le lieu de reproduire ces
instructions, on les trouvera dans les archives de
l'hôtel de ville de Nîmes (Registre L. 36) ; on peut
d'ailleurs se faire une idée assez exacte de leur
contenu, sauf les développements, en lisant la
consultation d'Astruc, pour les gens de Nîmes, à
propos de la peste de 1721, que j'ai publiée dans
la *Revue de littérature médicale*, numéro du 15
janvier 1877.

« cessivement et de presque tous les inten-
« dants de santé ; l'hôtel de ville infecté de
« fond en comble, séparés de nos papiers,
« sans demeure fixe et certaine : obligés de
« nous assembler dans une place publique
« pour traiter les choses les plus sérieuses,
« nous n'avons guère esté en estat de te-
« nir des registres exacts ; la violence de
« la contagion et le progrès rapide qu'elle
« faisait dans notre malheureuse ville ne
« nous laissaient pas le loisir de former des
« projets, encore moins de les faire mettre
« par écrit ; nous tâcherons pourtant de
« vous satisfaire, Messieurs, sur ce que
« vous nous demandes. Et quoiqu'il soit
« douloureux pour nous de fouiller dans
« nos malheurs passés, nous y trouverons
« une sorte de plaisir, parce qu'il s'agit de
« vous marquer avec quelle reconnaissan-
« ce et quel tendre attachement nous avons
« l'honneur d'être, Messieurs, vos très-
« humbles et très-obéissants serviteurs.
  « Les Consuls gouverneurs de la
     ville d'Arles,
 « PIQUET, FRANCONY, GRANIER, HONORAT
 « A Arles, le 2 octobre 1721. »

En réalité, Arles avait perdu dans la ville et les infirmeries 8,572 habitants et dans la campagne 1,638, soit 10,210 personnes sur un total de 23,170 habitants !

Dans ce nombre, il y eut 72 prêtres ou religieux, 1 commandant, 3 majors, 4 consuls, 35 conseillers de ville, 11 nobles, 7 avocats et 17 bourgeois, *35 médecins, chirurgiens ou apothicaires*, 12 capitaines de Corbeaux, 75 commissaires et 65 corbeaux (1).

Cependant, le mémoire promis ne se fit pas attendre longtemps à Nîmes, et avec lui les Consuls de cette ville eurent la douce satisfaction de recevoir aussi une nouvelle

(1) Relation, etc. ; *loco citato*.

lettre de leurs collègues d'Arles, dont le
contenu était bien de nature à les satisfaire,
car elle portait :

» Messieurs,

» Permettes-nous de vous dire que c'est
» un peu votre faute si vous n'aves pas reçu
» plus tôt le mémoire que nous avons l'hon-
» neur de vous envoyer, nous attendions
» tous les jours de vos nouvelles au sujet
» du garçon apothicaire et de l'horlogeur
» que nous vous avions demandés, et le
» délai dont vous avez usé à cet égard nous
» a fait craindre que notre dernière lettre
» ne fût égarée, et que celle-cy n'eut le mê-
» me sort. Nous prenons enfin le party de
» vous la faire passer par la voie de Fourques
» comme plus sûre et plus prompte. Ce mé-
» moire a été dressé par un de nos amis,
» intendant de santé, qui a couru les mê-
» mes dangers que nous et qui a esté assez
» heureux pour se sauver du naufrage pres-
» que général : il n'a pas cru devoir entrer
» dans des détails que les livres apprennent
» et que vous sçavez sans doute, Messieurs,
» mais présenter simplement des idées et
» des vûes que l'expérience nous a fournies.
» Si vous avez besoin, outre cela, de quel-
» ques instructions plus particulières ; sur-
» tout pour ce qui regarde les infirmeries,
» nous vous les enverrons avec plaisir, un
» de nos collègues qui les a pratiquées, y a
» travaillé avec succès.

» Soyez persuadés, Messieurs, que nous
» ferons tous nos efforts, pour reconnois-
» tre sinon entièrement, du moins autant
» que nous pourrons, les marques de zèle
» et d'amitié que vous nous aves données,
» et que s'il fallait payer de nos personnes
» les différents services que nous avons re-
» çus de vostre part, nous n'hésiterions pas
» un moment à vous les offrir du meilleur
» de nostre cœur ; ne croyes pas, au reste,
» Messieurs, que ce soit icy un compliment

» fait à plaisir, nous raisonnons dans les
» principes des mémoires que nous vous
» envoyons, il n'y a aucun de nous qui n'ait
» eu le mal contagieux, ou qui n'en soit
» pour ainsi dire à l'épreuve ; aussi, Mes-
» sieurs, nous pouvons vous offrir nos per-
» sonnes presque sans danger, mais non
» pas sans une véritable passion de vous
» marquer nostre vive reconnaissance. Si
» le Seigneur continue à nous favoriser,
» nous comptons que nostre ville sera libre
» de tout soupçon dans peu de temps. Nos-
» tre infirmerie ferma hier, et nous com-
» mençons le 9 nostre quarantaine de san-
» té ; nous vous supplions, Messieurs, de
» vouloir faire partir les lettres et paquets
» que nous prenons la liberté de vous adres-
» ser par la voye de la poste.
» Nous avons l'honneur d'estre avec un
» tendre attachement et une vive reconn-
» naissance,
» Messieurs , vos très-humbles et très-
» obéissants serviteurs. »

Les Consuls gouverneurs de
la ville d'Arles,

PIQUET, FRANCONY, GRANIER,
HONORAT.

A Arles, le 5 novembre 1721.

Ayant ainsi subi la double épreuve du
temps et de l'adversité, ces deux creusets
auxquels ne résistent pas quelquefois les
sentiments en apparence les plus sincères
et les plus ardents, l'amitié des deux villes
se resserra de liens plus étroits encore que
par le passé. Il sembla depuis, que les deux
cités n'avaient qu'une seule âme et que
tout ce qui faisait battre le cœur de l'une
trouvait un écho dans celui de l'autre. Cette
communauté d'amitiés et de dévouements
se fit jour au dehors particulièrement dans
l'année 1722 tant par la multiplicité des relations que par le commerce incessant de
lettres qui s'établit entre Arles et Nîmes

et dont les moindres événements servaient
d'aliment et de prétexte.

Les deux lettres qui suivent témoignent
de cette affectuosité réciproque : je leur
donne d'autant plus volontiers place ici
qu'elles touchent encore directement aux
derniers incidents de la peste d'Arles.

Voici la première :

« Messieurs,

» Nous ne croyons pas pouvoir employer
» mieux les premiers soins du consulat dont
» on vient de nous charger qu'en vous re-
» nouvellant les témoignages de la vive re-
» connaissance dont nous sommes pénétrés
» pour tous les services que vous avez ren-
» dus dans tous les temps à cette ville et
» que vous avez surtout redoublés en nous
» secourant si généreusement dans les
» malheurs que la peste vient de nous faire
» essuyer, la mémoire de tels bienfaits ne
» saurait s'effacer des Cœurs de nos conci-
» toyens et il n'est personne d'eux et de
» nous qui n'ambitionne de trouver des oc-
» casions à vous donner des marques de sa
» sensibilité. Nous vous prions, Messieurs,
» de mettre notre zèle à l'épreuve et d'estre
» bien prévenus du respectueux, attache-
» ment avec lequel nous sommes, Mes-
» sieurs,

» Vos très-humbles et très-obéissans ser-
» viteurs,

» Les Consuls gouverneurs de
» la ville d'Arles,

» LINCEL, ALIVON, JEHAN, TRÉSORIER.

» Arles, le 27 mars 1722. »

La seconde lettre arriva à Nimes le lendemain même de ce jour ; elle apportait la
nouvelle de la déconsignation d'Arles :

« Messieurs,

» L'intérêt que nous sçavons que vous
» prenes en tout ce qui nous regarde, nous

» presse de vous parler de la déconsigna-
» tion de noatre ville au 8ᵉ du mois prochain,
» que M. le Marquis de Brancas nous a fait
» la grâce de nous accorder et dont nous
» venons de recevoir l'ordre daté du 23 de
» ce mois ; nous prenons la liberté, Mes-
» sieurs, de vous en envoyer une copie sous
» ce pli, vous priant d'estre bien prévenus
» du parfait attachement avec lequel nous
» sommes, Messieurs,

» Vos très-humbles et très-obéissans ser-
» viteurs,

» Les Consuls gouverneurs de
» la ville d'Arles :

» LINCEL, ALIVON, JEHAN, TRÉSORIER.

» Arles, 28 mars 1722. »

Inutile d'ajouter que l'ordonnance con-
cernant cette déconsignation fut publiée
immédiatement aux endrois accoutumés de
la ville de Nimes, tandis que les Consuls
prenant immédiatement la plume man-
daient aux Arlésiens la joie qu'ils éprou-
vaient de l'élection des nouveaux Consuls
et les félicitaient de ce que Arles, dont la
conservation était si chère aux Nimois, venait d'être déconsignée après les malheurs
extrêmes que la peste leur avait fait essuyer.
Ils ajoutaient qu'ayant partagé avec eux le
funeste estat où elle s'était trouvée, ils
prenaient toute la part possible à leur délivrance et qu'ils s'estimeraient heureux
de contribuer à leur conservation par tous
les services qui dépendraient d'eux et dont
ils leur offraient la continuation, avec le
même zèle qu'ils leur avaient marqué dans
la situation fâcheuse où ils s'étaient trou-
vés.

La joie des Nimois fut cependant le pré-
lude de joies plus grandes encore. Le prin-
temps et l'été de 1722, dont on avait re-
douté l'approche en raison du réveil habi-
tuel de la peste en ces saisons, s'étant
passés sans alarmes, le roi, à la date du

10 novembre 1722, rendit une ordonnance
à Versailles, par laquelle les lignes établies
sur les frontières de l'Auvergne, du Rouer-
gue, en Languedoc, en Provence et sur les
limites du Comtat et du Dauphiné devraient
être définitivement levées à partir du 1ᵉʳ
décembre suivant. Les affaires devaient
ainsi à partir de ce jour reprendre sans
encombre et les villes tenues jusque-là en
observation, reconquérir complétement leur
liberté et leurs relations.

Ce furent les Consuls d'Arles qui les premiers apprirent aux Nimois et l'ouverture
des passages et le rétablissement du commerce.

Tel était le contenu de leur lettre :

« Messieurs,

» Nous avons tant de fois éprouvé com-
» bien vous prenes intérêt en ce qui nous
» regarde que nous croirions manquer
» essentiellement aux règles de l'amitié
» la plus parfaite, que nous conserverons
» éternellement pour vous et pour vos
» chers habitants, si nous différions plus
» longtemps à vous faire part de la joye
» que nous ressentons à cause de la li-
» berté des passages que sa Majesté vient
» de nous accorder. Cette grâce nous est
» particulièrement sensible en ce qu'elle
» nous fournit l'occasion de vous témoigner
» de vive-voix, dès que nos affaires le per-
» mettront, les sentiments d'estime et de
» reconnaissauce avec lesquels nous avons
» l'honneur d'estre,

» Messieurs,
» Vos très-humbles et très-obéissans
» serviteurs,

» Les Consuls gouverneurs de la ville
» d'Arles :

» Signés : Lincel, Alivon, Jehan,
Trésorier.

» A Arles, 4 décembre 1722. »

Ainsi donc, les nuages qui pendant un si long temps avaient obscurci le ciel de la Provence s'étaient enfin dissipés, et l'horizon jusque-là si menaçant et si noir, s'était définitivement illuminé de clartés radieuses. Arles et Nimes étaient maintenant dans l'allégresse ! Qu'importait à l'une que la peste eût été à deux pas de ses portes et que la mort eût plané sur elle comme la foudre aux jours d'orage. Combien facilement elle oubliait et ses angoisses et ses terreurs !

Combien l'autre après en avoir subi toute la fureur homicide se réjouissait de n'avoir plus à en craindre le retour !

Aussi, après la lettre des consuls d'Arles, écoutez la réponse des consuls de Nimes :

« Messieurs,

« Pourrions-nous apprendre une nouvelle qui nous fût plus sensible que celle de l'ouverture des passages et du rétablissement du commerce, l'interest que nous prenons aux avantages d'une ville aussi chère que nous est la voatre, nous rend celuy-ci d'autant plus agréable que nous scavons qu'il vous estoit très-nécessaire après les pertes infinies que la contagion vous a causées. Nous vous félicitons, messieurs, de ce bonheur qui vient de vous arriver, et nous sommes ravis par l'espérance que nous avons de vous marquer bientôt de plus près la sincérité de nos sentiments. Nous aurions même l'honneur de vous prévenir, si le passage des troupes qui viennent de Provence en Languedoc et l'approche des Estats de cette province qui doivent se tenir en ceste ville, ne nous occupoient entièrement, mais si nous sommes privés encore quelque temps du plaisir de vous voir, messieurs, nous ne laisserons pas de sentir chaque jour l'heureuse situation qui nous a rapprochez de vous, et de vous

» témoigner, de plus en plus, qu'on ne peut
» estre avec plus d'attachement et de con-
» sidération que nous le sommes,
» Messieurs,
» Vos très-humbles et très-obéissants
» serviteurs,
» Les consuls de la ville de Nîmes,
» POUSTOLY, SAIRAN, FERRAUD, BOUVIER.
» A Nîmes, le 9 décembre 1722. »

*
* *

En effet, à l'aménité et au lyrisme des
lettres, succéda bientôt de part et d'autre
la visite annoncée. Elle fut l'occasion de
démonstrations non équivoques d'une amitié et d'un dévouement à toute épreuve.

Voici la relation officielle de cette double
fête telle qu'elle est consignée dans les archives de l'hôtel de ville de Nîmes; elle
servira comme d'épilogue à mon travail :

« .... Ce fut le même jour que Monsei-
» gneur l'évêque commença sa visite en
» ceste ville (1), que M. de Lincel, premier
» consul d'Arles, avec M. le troisième con-
» sul, son collègue, arrivèrent en ceste
» ville de Nîmes, accompagnés de plusieurs
» députés et de Messieurs les marquis de
» Laquoy et de Beaujeu, qui avaient voulu
» accompagner M. de Lincel, leur on-
» cle.

» Une arrivée aussi imprévue causa quel-
» que désordre à cette feste sans rien
» prendre sur la joye que leur présence
» nous inspiroit, on assembla en toute di-
» ligence le Conseil de ville, on donna les
» ordres qu'il convenoit pour orner et meu-
» bler l'Hôtel de ville, on rangea dans tou-
» tes les salles des consoles, des bras et

(1) Le 21 décembre 1722.

» des lustres; les salles furent tapissées,
» les tambours, les violons et tout ce qu'on
» put assembler de meilleurs instruments
» furent mandez, quelques conseillers poli-
» tiques du premier ordre furent députez
» pour faire compliment à ces Messieurs
» qui étaient descendus au Luxembourg,
» et leur témoigner l'impatience où nous
» étions de leur rendre nos honneurs,
» messieurs les Consuls enfin, accompa-
« gnés de tout le Conseil de ville, ayant
» revêtus leurs robes et chaperons, se mi-
» rent en marche; les tambours, les trom-
» pettes, les pertuisaniers, les valets de
» ville et la masse d'argent les précédaient;
» une douzaine de flambeaux de cire éclai-
» raient cette marche, et ce fut dans cet
» ordre que messieurs les Consuls et Con-
» seillers politiques s'avancèrent au delà
» de la porte de la Couronne où ils trouvè-
» rent messieurs les Consuls et députez de
» la ville d'Arles qui s'avancèrent eux-mê-
» mes; M. Poustoly, 1er Consul les com-
» plimenta au nom de la ville, et M. de
» Lincel, 1er Consul d'Arles, répondit au
» compliment avec beaucoup d'esprit et
» cette politesse qui lui est ordinaire et na-
» turelle.

» Ce premier moment sérieux fini, on s'a-
» bandonna à une naturelle joye, et tout
» servit d'interprète à celle de nos citoiens,
» les gestes, les acclamations, les regards,
» l'empressement et la foule du peuple,
» tout le marquoit, et ce fut au bruit des
» acclamations publiques que les Messieurs
» d'Arles furent conduits à l'hôtel de ville.
» Messieurs les Consuls et députez de la
» ville d'Arles étoient placés à la droite, et
» Messieurs les Consuls et du Conseil de
» ville à la gauche, marchant deux à deux.
» Ce fut dans cet ordre que l'on arriva à
» l'hôtel de ville où les Messieurs d'Arles
» furent visités par tout ce qu'il y avait de
» noblesse et de personnes distinguées qui

» furent averties de leur arrivée, la foule en
» aurait été infiniment plus grande s'il nous
» avoit été possible de sçavoir le jour que
» ces Messieurs nous devoient faire l'hon-
» neur de venir en ceste ville. »

» Après quelques heures de repos, on
» plaça deux tables de vingt-cinq couverts
» chacune, dans la salle du Conseil, elles
» furent servies le plus proprement et le
» plus délicatement qu'il fut possible. Le
» vin, les liqueurs furent mises (sic) en
» usage pour marquer la joye et la satis-
» faction que nous avions de voir et d'en-
» tretenir de si chers alliez, les violons de
» la ville que l'on avoit rassemblés y jouè-
» rent des airs gais. Messieurs les Consuls
» d'Arles furent revêtus des chaperons des
» Consuls, et cette galanterie à laquelle
» ces Messieurs furent infiniment sensi-
» bles, répara ce qui manquoit à la fête qui
» auroit été plus complète, si les signes
» extérieurs avoient répondu aux senti-
» ments de nos cœurs, et s'il nous avoit
» esté possible de les produire aussy vi-
» vement que nous les sentions. »

» Le repas et les danses finies, Messieurs
» les Consuls d'Arles et les autres Mes-
» sieurs de la députation furent conduits
» dans les logements qui leur avoient esté
» destinés, M. de Lincel premier Consul
» d'Arles fut logé chez M. Poustoly 1ᵉʳ
» Consul de ceste ville, l'autre Consul
» d'Arles fut logé chez M. Sairan second
» Consul, MM. les marquis de Laquoy et
» de Beaujeu logés chez M de Fabrique et
» tous les autres députés et Messieurs
» d'Arles qu'avoient suivi cette députation
» furent logés de même dans les maisons
» les plus commodes que l'on put choisir
» dans la ville; après que ces Messieurs
» furent placés dans ces maisons on leur
» donna des sérénades, et ces gracieuse-
» tés finies, Messieurs les Consuls qui les
» avoient accompagnés se retirèrent.

» Le lendemain, messieurs les consuls
» d'Arles firent aussy visite à Monseigneur
» l'évêque de Nismes, étant toujours ac-
» compagnés de messieurs les consuls et
» précédés de toutes les marques d'hon-
» neur, après quoy, nous les conduisimes à
» l'Hôtel-de-Ville, où nous leur fimes les
» présents de la ville composés de vingt-
» quatre flambeaux de cire blanche, un
» quintal de bougies, et quatre douzaines
» de boëttes de confiture et quatre caisses
» de vin. Ce présent qui fut offert à mes-
» sieurs les consuls, fut fait au bruit de
» tous les instruments qui pouvoient mar-
» quer la joye que nous avions de leurdon-
» ner ces foibles témoignages le notre cor-
» diale amitié, et le bruit des tambours
» fut pour nous une espèce de ressource
» qui servit à relever les termes dont notre
» premier consul avoit taché d'accompa-
» gner ces présents. Cela fait, on se hâta
» de mettre sur table.

» Le disner fut servi, et le temps qu'on
» eut à le préparer ne contribua pas peu à
» le rendre plus délicat et plus abondant
» que le soupé du jour précédent. La joye
» aurait été parfaite, si nous avions pu es-
» pérer de retenir un peu plus de temps
» ces Messieurs, mais il fallut, malgré
» nous, l'interrompre par les idées de leur
» départ précipité, nos empressements pour
» les retenir ne gaignèrent rien sur eux, il
» fallut céder et les voir partir. Après le
» disné, nous eûmes l'honneur de les ac-
» compagner avec tous les honneurs de la
» ville, et de les voir entrer dans leurs
» chaises. Tous les témoignages de bien-
» veillance et de tendresse que nous nous
» donnâmes mutuellement les uns aux au-
» tres ne sauroient estre bien exprimés, et
» l'honnêteté, en cette occasion, fut pous-
» sée aussi loin qu'elle peut aller.

» Pour répondre à la visite que Mes-
» sieurs les consuls de la ville d'Arles fi-
» rent à Messieurs les consuls de cette
» ville, il fut fait une députation par le con-
» seil de ville de Messieurs Poustoly et
» Sairan, premier et second consuls, et de
» plusieurs des principaux du conseil, tant
» de la première que des autres échelles.
» Ces Messieurs les députés partirent dans
» le même mois de décembre 1722 (lundy
» 28), huit jours après la visite de Mes-
» sieurs d'Arles, et se rendirent en chaises
» roulantes à Arles et trouvèrent Mes-
» sieurs les consuls avec grand nombre de
» personnes de distinction qui les vinrent
» recevoir au pont qui est à quelque dis-
» tance de la ville d'Arles ; ce fut au milieu
» de ce pont que M. Poustoly, premier
» consul de Nismes, fit à Messieurs d'Arles
» la harangue suivante :

« Messieurs,

» Quelque sensibles que nous ayons été
» à vos pertes, et quelque satisfaits que
» nous soyons de l'accueil gracieux et ma-
» gnifique que vous nous faites ; ce n'est
» pas notre dessein de vous renouveler
» la part que nous avons prise à vos mal-
» heurs ; n'y de vous remercier avec trop
» d'affectation de l'honneur que vous nous
» faites aujourd'huy ; le souvenir de vos
» malheurs troubleroit la joye que vous
» nous témoignez, et nos compliments trop
» affectez ressentiroient trop la façon, et
» diminueroient peut-être le plaisir que
» vous avez de nous obliger.

» L'idée agréable qui nous occupe c'est
» d'avoir des amis aussy distinguez que
» vous l'estes. En vous, messieurs, se trou-
» vent réunies toutes les vertus et les qua-
» lités qui rendent l'amitié également solide
» et durable. Cette louable passion n'a ja-
» mais été stérile en vous ; toujours occu-
» pée de son objet, elle agit dans toutes les

» occasions pour se satisfaire ; les soins,
» les attentions, les empressements, l'excès
» même, tout s'y trouve, votre tendresse en
» règle les mouvements, et pour en faire le
» portrait en peu de mots : vous possédez
» cette vertu avec une extrême sensibilité,
» vous la manifestez avec profusion, elle
» vous est naturelle et constante, aussi vive
» dans la suite des temps qu'elle peut l'avoir
» esté dans les commencements où elle a
» esté formée.

» Tout nous en fait estimer le prix, et
» nous engageroit à vous en demander la
» continuation, si nous pouvions douter de
» sa durée, et s'il nous estoit possible
» d'augmenter celle que nous avons pour
» vous.

» Vos soins empressés, vos manières en-
» gageantes, vos discours éloquents et sin-
» cères, les honneurs que nous recevons de
» votre part, l'empressement de vos cito-
» yens, nous marquent votre cordialité, et
» tout nous plaît enfin dans le parallèle que
» nous faisons de votre amitié avec la nô-
» tre.

» Ouy, messieurs, soyez-en bien persua-
» dés, nos amitiez, uniformes en caractères,
» le seront toujours en effets. L'impuis-
» sance de nos secours dans vos malheurs ;
» la faiblesse des témoignages de notre
» joye, plus défectueux que nous l'aurions
» souhaité ; l'embarras et le tumulte qui
» ont paru dans le temps que nous avons
» eu l'honneur de vous recevoir dans notre
» ville, ne supposeroient rien contre nous :
» nos cœurs ont réparé tout ce qui peut
» avoir manqué à ces marques extérieures
» de notre affection et de notre joye.

» Nous publierons sans cesse la satisfac-
» tion que nous avons d'être unis avec les
» citoyens d'une ville aussi recommandable
» que la vôtre par son ancienneté, et par le
» nom quelle a donné autrefois à un grand
» royaume, aussi distinguée par la noblesse,

» la religion et le mérite de ses habitants ;
» aussi agréable par sa situation que par la
» fertilité et l'étendue de son terroir ; nos
» cirques et nos anciens monuments que la
» longueur des temps semble avoir respec-
» tés, se détruiront plutôt entièrement avant
» que notre union en reçoive la moindre
» atteinte. Les caractères en sont trop pro-
» fondément gravés dans nos cœurs pour
» que rien soit capable de les affaiblir et
» nous pouvons vous assurer sans témérité
» qu'ils seront ineffaçables.

» Vous nous serez toujours chers, mes-
» sieurs, les effets vous en convaincront, à
» l'avenir, beaucoup mieux que nos paro-
» les.

» Mais après nous être félicités les uns
» les autres du retour de votre santé et de
» l'agréable liberté que nous avons de vous
» voir et de communiquer avec vous,
» nous ne pouvons assez vous applaudir
» sur le bonheur que vous avez d'avoir à la
» tête de votre ville, un premier magistrat,
» illustre par la noblesse de son sang ; plus
» estimable encore par l'étendue de ses lu-
» mières, par son zèle et par son mérite
» personnel ; et qui se trouve si bien secon-
» dé par la vigilance et la droiture de ses
» collègues. C'estoit la ressource que la
» Providence vous préparoit, et dont vous
» profitez si utilement.

» Il ne nous reste plus, messieurs, qu'à
» vous renouveler les assurances et les
» protestations sincères de notre union, de
» nos vœux pour votre conservation, et de
» nos respects pour vos personnes, et de
» l'attachement inviolable que nous aurons
» toujours, autant pour le général que pour
» le particulier de votre ville. »

» Après cette harangue, messieurs, les
» consuls de Nismes furent conduits par
» messieurs d'Arles à leur hôtel de ville ;
» ils y furent traités et régalez avec toute

» la magnificence et la politesse possibles ;
» repas somptueux, symphonies agréables,
» présents trop considérables à leur départ,
» rien ne fut épargné à leur égard ; Mon-
» seigneur l'archevêque d'Arles voulut bien
» même leur rendre visite à leur logis, en
» rochet et camail ; ils furent enfin comblés
» d'honneurs et d'honnêtetés, et ils s'en
» retournèrent charmés en toute manière
» de la politesse et de la cordialité de mes-
» sieurs d'Arles. Ils firent ensuite à leur
» retour, au Conseil de ville, un rapport
» exact de tous les honneurs qu'ils avoient
» reçus. »

Nîmes. — Typographie Dubois, rue Bernard-Aton, 2.

www.ingramcontent.com/pod-product-compliance
Lightning Source LLC
Chambersburg PA
CBHW062310070726
47596CB00009B/1131